Christine Kämpfle

55 Stundeneinstiege
Ethik

Bildquellenverzeichnis:
Seite 10: AKW: Felix König; https://commons.wikimedia.org/wiki/File:Gundremmingen_Nuclear_Power_Plant.jpg; CC BY-SA 3.0 (https://creativecommons.org/licenses/by-sa/3.0)
Seite 14: Fairer Handel: TransFair e. V.; https://upload.wikimedia.org/wikipedia/de/3/36/Transfair-produktauswahl.jpg; Public domain
Seite 35: Justitia © MEV Agency UG, Germany, Nr. 44045

3. Auflage 2021

Autor*innen: Christine Kämpfle
Illustrationen: Steffen Jähde, Corina Beurenmeister, Hendrik Kranenberg, Anne Karen Rasch
Umschlagfoto: Fotolia
Satz: Fotosatz H. Buck, Kumhausen
Druck und Bindung: Korrekt Nyomdaipari Kft, Budapest
ISBN 978-3-403-**07641**-1

www.auer-verlag.de

Was haben wir letzte Stunde gemacht?

Wer kennt ihn nicht, diesen Klassiker unter den Stundeneinstiegen? Stunde für Stunde gleich zu beginnen, ist nicht nur für die Schüler[1] wenig motivierend, sondern auch für viele Pädagogen unbefriedigend und frustrierend. Oft fehlt aber die Zeit, die Lust oder gar die Idee für Neues.

Den Grundstein für das Gelingen einer Unterrichtsstunde legt man jedoch schon zu Stundenbeginn, indem man

- die Neugier der Schüler für das neue Thema weckt,
- die Lernbereitschaft der Schüler stimuliert,
- Selbstverständliches infrage stellt,
- Kreativität und Fantasie anregt,
- Spannung für das Folgende aufbaut,
- die Schüler praxis- und handlungsorientiert arbeiten lässt,
- Erfahrungswerte der Schüler aktiviert,
- eine effektive Lernatmosphäre herstellt,
- Erlerntes vertieft,
- schülerzentriertes Arbeiten ermöglicht und fördert,
- Raum für Ideen der Schüler lässt.

Diese Handreichung bietet Ihnen eine Sammlung verschiedener Methoden, die in großen Teilen speziell für ethische Themen entwickelt wurden. Einige der vorgestellten Stundeneinstiege können direkt umgesetzt werden. Die meisten Ideen werden jedoch beispielhaft vorgestellt und können problemlos an sämtliche Themen der verschiedenen Jahrgangsstufen angepasst werden.

Einige Einstiege münden direkt in Diskussionen oder Präsentationen, für die genug Zeit eingerechnet werden sollte. Die Dauer eines Einstiegs variiert selbstverständlich von Gruppe zu Gruppe, ebenso wie der Erfolg.

Sicherlich werden Sie hier Einstiege finden, die sich auch für Ihre Gruppe eignen.

1 Aufgrund der besseren Lesbarkeit ist in diesem Buch mit Schüler immer auch die Schülerin gemeint, ebenso verhält es sich mit Lehrer und Lehrerin etc.

Der Aufbau der Handreichung

Die in diesem Band vorgestellten Stundeneinstiege verstehen sich als methodische Anregungen, die von Ihnen an das jeweilige Thema angepasst werden sollen. Da sich die Themen im Fach Ethik zum einen durch die verschiedenen Jahrgangsstufen ziehen und zum anderen die Vorschläge mit ein bisschen Geschick und Kreativität abgewandelt für fast alle Altersstufen geeignet sind, ist die Angabe der Klassenstufen jeweils nur als unverbindliche Empfehlung zu verstehen.

Es wurde eine Unterscheidung nach Stundeneinstiegen **zur Wiederholung** und **als Hinführung auf die nächste Stunde oder Sequenz** vorgenommen, wobei sich einige Einstiege durchaus für beides eignen. Sie erkennen diese sowohl im Inhaltsverzeichnis als auch im Innenteil an dem Sternchen*.

Außerdem wurden jeweils Einstiege, die aufgrund von **Schüleraktivität / -bewegung** mehr Platz brauchen, gesondert aufgeführt. Zur Durchführung dieser Einstiegsideen ist es nötig, Tische zur Seite zu rücken, umzustellen oder eventuell Unterlagen zu organisieren, die auf dem Boden ausgelegt werden können.

Die **benötigten Materialien** sowie die **Voraussetzungen**, die für die Umsetzung der Einstiege gegeben sein müssen, wurden der eigentlichen Beschreibung vorangestellt.

Zur schnelleren Orientierung wurden folgende Icons verwendet:

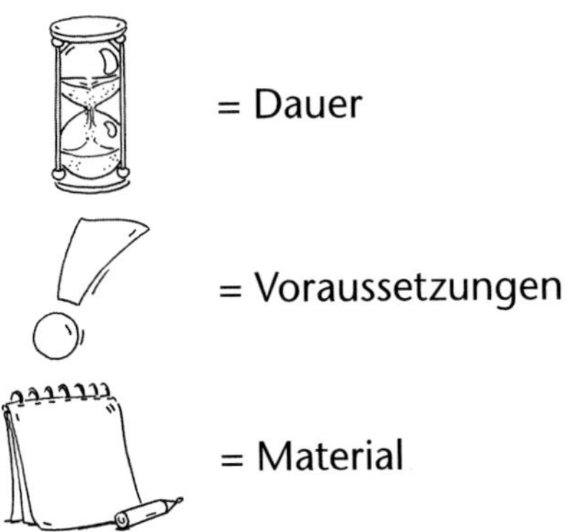

Um eine effektive Handhabung zu ermöglichen, sind die Erläuterungen zur **Durchführung** stichpunktartig formuliert. Wo es sinnvoll erschien, wurden zur Veranschaulichung **Beispiele** aufgenommen.

Unter **Weitere Hinweise** finden Sie Anregungen, in welchen anderen Varianten der jeweilige Einstieg verwendbar ist, sowie Tipps zur Weiterführung der Stunde.

Zum leichten Wiederauffinden der Methoden sind im **Index** (S. 61) alle Einstiege in alphabetischer Reihenfolge aufgelistet.

keine besonderen Voraussetzungen

Tafel oder Folie

Durchführung:

- Der Lehrer schreibt einen Schlüsselbegriff / das Thema der Vorstunde senkrecht an die Tafel oder auf eine Folie.
- Die Schüler finden zu jedem Buchstaben dieses Schlüsselbegriffs / Themas Wörter mit entsprechenden Anfangsbuchstaben, die zum Thema passen.

Beispiel:

Thema: Islam

I mam

S alat

L ehre

A llah

M oschee

Weitere Hinweise:

Diese Methode eignet sich besonders als Abschluss einer Unterrichtssequenz.

Variante: Die Schüler finden Sinneinheiten bzw. Sätze zum Thema.

Beispiel:

Thema: Islam

I sa ist ein Prophet.

S äubere dich gründlich vor dem Gebet!

L ege einen Schleier um!

A llah ist der einzige Gott.

M ekka muss jeder Moslem einmal bereisen.

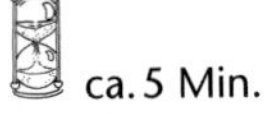

keine besonderen Voraussetzungen

kein Material

Durchführung:

- Der Lehrer gibt einen Schlüsselbegriff / das Thema der Vorstunde vor.
- Die Schüler verfassen ein Gedicht, wobei die ersten fünf Verse mit dem vorgegebenen Schlüsselbegriff / Thema beginnen.
- Im sechsten Vers kommt der Schlüsselbegriff / das Thema nicht bzw. nicht am Anfang vor.

Beispiel:

Thema: Schule

Schule ist anstrengend,

Schule bedeutet Unterricht,

Schule beginnt frühmorgens,

Schule ist manchmal Stress,

aber ich treffe viele Freunde.

keine besonderen Voraussetzungen

Karten mit den Namen berühmter Personen

Durchführung:

- Ein Schüler stellt sich vor die Klasse oder setzt sich ans Pult.
- Der Lehrer, der hinter dem Schüler steht, zeigt der Klasse eine Karte mit dem Namen einer berühmten Person oder hängt diese an die Tafel, sodass der Schüler, der vorne ist, sie nicht sieht, alle anderen aber schon.
- Der Schüler muss durch Befragung seiner Mitschüler herausfinden, wer er ist.
- Dazu darf er nur Entscheidungsfragen (Ja/Nein-Fragen) stellen.

Beispiel:

Nelson Mandela

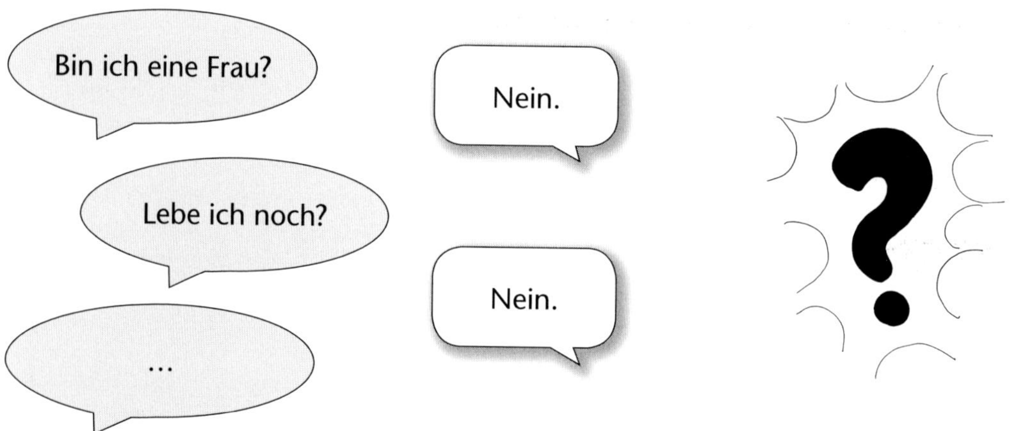

Weitere Hinweise:

Wird diese Methode zur Wiederholung eingesetzt, sollte die gesuchte Person in der Vorstunde thematisiert worden sein oder in direktem Bezug zum Thema der Vorstunde stehen.

Variante: Der Lehrer zeigt nur dem Schüler, der vorne ist, wer er ist. Die Klasse muss dies dann durch Fragen herausfinden.

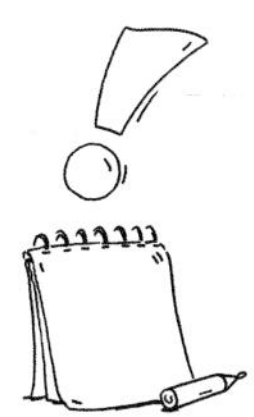

keine besonderen Voraussetzungen

Folie mit dem Thema der Vorstunde in Kombination mit einer Alltagssituation, Tafel

Durchführung:

- Die Klasse wird in Zweierteams eingeteilt (Tischnachbarn).
- Der Lehrer legt eine Folie mit dem Thema der Vorstunde in Kombination mit einer Alltagssituation auf.
- Die Schüler erzählen nun ihrem Partner in 30 Sekunden, wie, wann oder inwiefern sie in der letzten Zeit mit diesem Thema konfrontiert worden sind.
- Nach 30 Sekunden ist der Partner an der Reihe.
- Die Ergebnisse werden an der Tafel gesammelt, wobei jeder das Erlebnis seines Partners nacherzählt.

Beispiel:

Thema der Vorstunde: Glück → ... Noten / ... Heimweg / ... Familie

Thema der Vorstunde: Vertrauen → ... Freunde / ... Sportunterricht / ... Mutter

keine besonderen Voraussetzungen

Foto / Bild an der Tafel / auf Folie oder digital

Durchführung:

- Ein Bild wird präsentiert. Dieses sollte so groß sein, dass es alle gleichzeitig sehen können.
- Die Schüler betrachten das Bild ca. 30 Sekunden lang.
- Sie erzählen anschließend, was sie gesehen haben und was ihnen dazu einfällt.
- Die bestimmt voneinander abweichenden Sichtweisen und Interpretationen werden gemeinsam besprochen.

Beispiele:

Themen: Gewalt, Tod, ... → Foto von einem Jugendlichen, der ein PC-Killerspiel spielt

Themen: Verantwortung für Tiere, Tierschutz, Nahrung ... → Foto von einem Schlachthof

Themen: Umweltschutz, Energie, Ressourcen ... → Foto von einem Atomkraftwerk

Weitere Hinweise:

Wird diese Methode zur Wiederholung eingesetzt, sollte das ausgewählte Bild Inhalte ansprechen, die in der Vorstunde thematisiert worden sind oder in direktem Bezug zum Thema der Vorstunde stehen.

Bei der Auswahl des Bildes ist darauf zu achten, dass dieses Raum für kontroverse Diskussionen schafft.

keine besonderen Voraussetzungen

Karten mit jeweils einem zu erklärenden Begriff, der unterstrichen ist, und mehreren sog. Tabu-Wörtern, die nicht zur Erklärung herangezogen werden dürfen.

Durchführung:

- Ein Schüler zieht ein Kärtchen und erklärt den unterstrichenen Begriff, ohne dabei die Tabu-Wörter zu verwenden. Wird dennoch eines davon gebraucht, wird das Kärtchen weggelegt und ein neues gezogen.
- Wer einen Begriff errät, darf den nächsten erklären.

Beispiele:

Mohammed

Prophet
Islam
Hadsch
Medina

Moschee

Gotteshaus
Koran
Imam
Kirche

Familie

Gemeinschaft
Eltern
Großeltern
Hilfe

Weitere Hinweise:

Diese Methode eignet sich besonders als Abschluss einer Unterrichtssequenz.

Da sich diese Einstiegsmethode für Gruppenarbeit anbietet, muss die Zahl der Karten entsprechend hoch sein.

Zu Beginn einer neuen Einheit könnte der zu erratende Begriff das Stundenthema wiedergeben, z. B.

Gentechnik

Fortschritt
Forschung
Hilfe
Medizin

keine besonderen Voraussetzungen

DIN-A4-Papier

Durchführung:

- Die Schüler legen auf einem Blatt ein kleines Bingo®-Spielfeld an, das aus 3x3 Feldern besteht.
- Sie füllen diese Felder daraufhin mit Begriffen aus der Vorstunde bzw. der vorangegangenen Sequenz.
- Der Lehrer liest anschließend verschiedene Schlagworte des zu wiederholenden Themas vor.
- Wird ein Begriff vorgelesen, den ein Schüler in seinem Bingo®-Spielfeld stehen hat, kreuzt er das entsprechende Feld an oder malt es aus.
- Der Schüler, der zuerst eine vollständige Reihe – senkrecht, waagrecht oder diagonal – angekreuzt bzw. ausgemalt hat, ruft laut „Bingo" und gewinnt.

Beispiel:

Thema: Umwelt

Abfall	Natur	Bäume
Lärm	Gesundheit	Autos
Mülltrennung	Wasser	Tiere

1.8 Buchstabensalat*

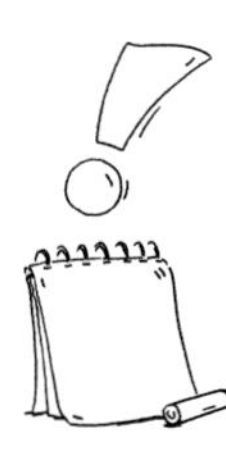

keine besonderen Voraussetzungen

Buchstabenrätsel auf Folie, Papier oder digital

Durchführung:

- Der Lehrer präsentiert ein Buchstabenfeld.
- Die Schüler suchen darin nach Schlüsselbegriffen, die zum Thema der Vorstunde passen.
- Die Schüler melden sich, wenn sie ein Wort entdeckt haben, kreisen es ein und erklären den Zusammenhang mit dem Thema.

Beispiel:

Thema: Werte und Normen

G	A	V	E	T	K	L	N
E	P	R	D	G	Q	E	O
S	L	K	U	L	T	U	R
E	S	T	B	N	M	T	M
T	S	C	H	U	T	Z	Z
Z	B	F	L	L	Ö	I	U
R	B	A	W	E	R	T	E

1.9 So ein Durcheinander

keine besonderen Voraussetzungen

verfremdeter Text

Durchführung:

- Die Schüler erhalten einen Text zum Thema der Vorstunde, bei dem mehrere Satzteile nicht stimmen.
- Der Text wird reihum vorgelesen, wobei die Schüler die falschen Satzteile erkennen und entweder umstellen oder verbessern müssen.
- Sind alle Fehler verbessert, haben die Schüler eine gute Zusammenfassung des letzten Themas.

Beispiel:

Fairer Handel

Als **fairer Handel** (englisch fair trade) wird ein kontrollierter Handel bezeichnet, bei dem *in erster Linie die Käufer* (den Erzeugern für die gehandelten Produkte) *von Billigpreisen profitieren* (ein festgelegter Mindestpreis bezahlt wird). Damit soll den Produzenten auch bei niedrigeren Marktpreisen ein höheres und verlässlicheres Einkommen ermöglicht werden und es *ist ein seit Jahrtausenden diskutiertes Thema der Wirtschaftsethik. Als im herkömmlichen Handel* die Höhe eines gerechten Preises für den Konsumenten. Dazu wird außerdem versucht, langfristige „partnerschaftliche" Beziehungen zwischen Händlern und Erzeugern aufzubauen. In der Produktion sollen *viele billige Materialien eingesetzt werden* (außerdem internationale sowie von den Organisationen vorgeschriebene Umwelt- und Sozialstandards eingehalten werden).

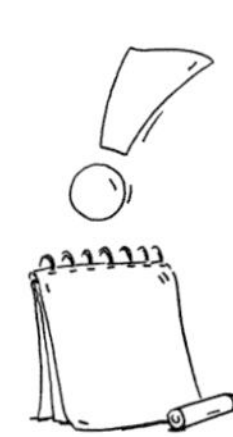

keine besonderen Voraussetzungen

Karten mit Begriffen auf Folie, Papier oder digital

Durchführung:

- Den Schülern werden immer vier Begriffe präsentiert, wobei jeweils einer nicht zu den anderen passt.
- Die Schüler können in zwei Gruppen eingeteilt werden, sodass ein kleiner Wettbewerb entsteht, wer mehr richtige Antworten gibt.
- Um einen Punkt für die Gruppe zu ergattern, muss begründet werden, welche Begriffe jeweils nicht dazu passen.

Beispiel:

Thema: Feste

Laubhüttenfest
Chanukka
Pessach
~~Pfingsten~~

Adventskranz
~~Weihnachtsmann~~
Christbaum
Mette

~~Verkleidung~~
Kerzen
Geschenke
Kuchen

1.11 Das sehe ich aber ganz anders

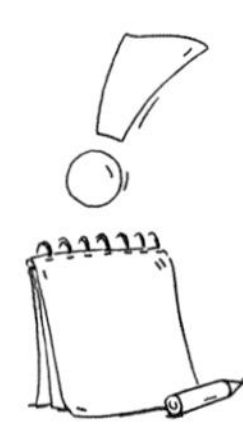

keine besonderen Voraussetzungen

Statement, das das Thema der Vorstunde infrage stellt

Durchführung:

- Der Lehrer präsentiert das Statement einer Person (Statements von Prominenten eignen sich besonders gut), das das Thema der Vorstunde infrage stellt.
- Ein Schüler liest es laut vor.
- Die Schüler äußern sich spontan zu dem Statement.
- In Partner- oder Kleingruppenarbeit entwerfen die Schüler ein begründetes Gegenstatement.

Beispiel:

Thema: Beten

„Beten hat doch keinen Sinn! Wenn es funktionieren würde, würde jedes Gebet in Erfüllung gehen und es gäbe keine Unglücke mehr. Außerdem ist ein Gebet kein echtes Gespräch. Gott spricht doch nicht mit uns! Hat ihn jemand von euch schon gehört? Es ist doch naiv zu ‚glauben', dass durch ein Gebet das Leben beeinflusst werden kann."
(Selina, 15 Jahre, Schülerin)

keine besonderen Voraussetzungen

Einstiegssatz

Durchführung:

- Die Schüler bekommen einen Einstiegssatz präsentiert, der sich anbietet, inhaltlich an das Thema der Vorstunde anzuknüpfen.
- Sie sollen ausgehend von dem Einstiegssatz eine kurze Geschichte verfassen.
- Jeder schreibt seine eigene Geschichte ins Heft, während der Erarbeitungsphase ist es still.

Beispiel:

„Franziska war immer so fröhlich, seit ein paar Tagen starrt sie nur noch vor sich hin."

oder

„Gestern war ich mit meinem Kumpel auf einer Party. Irgendwann hat mir dann irgendjemand einen Joint in die Hand gedrückt."

Weitere Hinweise:

Die Schüler können durch das Schreiben das Thema, z. B. Missbrauch, Trennung der Eltern, Drogen, Freundschaft, Clique, …, noch einmal aufarbeiten.

Diese Methode eignet sich auch sehr gut für einen Neueinstieg. Es ist wirklich überraschend, wohin ein einfacher Satz führen kann.

Die Schüler können bei dieser Methode sehr kreativ sein. Es kann auch vorkommen, dass sie eigene Erlebnisse verarbeiten und direkt ansprechen bzw. erzählen – insbesondere wenn es um Tod und Trauer geht. Der Lehrer sollte das unbedingt vorher bedenken und damit rechnen, um entsprechend reagieren zu können.

keine besonderen Voraussetzungen

geeignetes Bild / Foto auf Folie oder digital

Durchführung:

- Den Schülern wird ein Bild / Foto präsentiert, auf dem zwei oder mehrere Personen in einer bestimmten Situation zu sehen sind.
- Die Schüler lassen das Bild / Foto 30 Sekunden lang auf sich wirken.
- Danach haben sie Gelegenheit, Fragen zum Bild / Foto zu stellen, falls sie etwas nicht erkennen können.
- Die Schüler überlegen sich anschließend in Partnerarbeit, worüber sich die Personen unterhalten könnten bzw. wie der Gesprächsverlauf sein könnte.
- Sie schreiben ihre Dialoge auf. Nach sieben Minuten sollen sie fertig sein.
- Einige Schüler präsentieren ihre Dialoge mit einem Partner. Die anderen vergleichen, ob das Bild / Foto und der Dialog zusammenpassen.

Beispiel:

Thema: Bio-Lebensmittel

Erklärung: Zwei Frauen stehen an der Obsttheke. Die eine packt Bio-Tomaten in ihr Plastiksäckchen. Die andere blickt skeptisch drein.

Weiterer Hinweis:

Wird diese Methode zur Wiederholung eingesetzt, sollte das ausgewählte Bild Inhalte ansprechen, die in der Vorstunde thematisiert worden sind oder in direktem Bezug zum Thema der Vorstunde stehen.

1.14 Panzerknacker

keine besonderen Voraussetzungen

Projektor oder Dokumentenkamera, Folie

Durchführung:

- An der Tafel stehen fünf Platzhalter, z. B. Sterne. Jeder von ihnen soll durch eine Zahl ergänzt werden, um letztlich einen Code zu erhalten.
- Der Overheadprojektor oder die Dokumentenkamera wird eingeschaltet. Darauf sind fünf Sätze oder Begriffe zu lesen, hinter denen eine Zahl zu finden ist.
- Die Schüler bringen die fünf Begriffe in die richtige Reihenfolge.
- Wer zuerst fertig ist, meldet sich, kommt nach vorne und schreibt die Reihenfolge der Zahlen neben die Platzhalter.
- Der Lehrer überprüft, ob der korrekte Code gefunden wurde.
- Der erste Schüler mit der richtigen Zahlenkombination hat den Panzer „geknackt".

Beispiel:

Thema: Alter der Weltreligionen

Islam 3

Buddhismus 5

Judentum 1

Hinduismus 2

Christentum 6

☆ 2
☆ 5
☆ 1
☆ 6
☆ 3

Weitere Hinweise:

Anstatt eine Reihenfolge zu erraten, kann diese Methode auch als Einstieg in ein neues Thema eingesetzt werden. Hinter den Platzhaltern verbirgt sich das neue Thema. Es wird ein Platzhalter nach dem anderen aufgedeckt (kreuz und quer). Die Schüler überlegen sich, welcher Begriff sich dahinter verbirgt.

besonders viel Platz nötig (Klassenzimmer, Schulhaus, evtl. Außengelände)

alte Schwimmbrillen, bei denen die Gläser mit Lack überzogen wurden, damit man nichts mehr sieht (Tücher gehen auch, verrutschen aber oft und die Schüler schummeln leichter)

Durchführung:

- Die Schüler gehen paarweise zusammen.
- Einer setzt die Schwimmbrille auf und sieht nichts mehr.
- Der andere nimmt den Blinden an der Hand und führt ihn durch das Zimmer / das Haus, eventuell über Hindernisse und Treppen.
- Danach wird gewechselt.

Beispiel:

Themen: Vertrauen, Orientierung, Selbstbestimmung

Weitere Hinweise:

Bei diesem Einstieg steht der zwischenmenschliche Aspekt im Vordergrund: Die Schüler müssen dem Sehenden vertrauen und sich deshalb auf seine Aussagen verlassen können. Außerdem lernt der Partner, für den Blinden mitzusehen, um ihn vor Gefahren zu beschützen.

Variante: Der Sehende lenkt den Blinden nur verbal, ohne Körperkontakt.

Der zusätzliche Hilfsimpuls „Kann ich einkaufen, auch wenn ich nichts sehe?" lenkt durch seinen engen Alltagsbezug geschickt den Fokus auf die Schwierigkeiten, mit denen sich Sehbehinderte tagtäglich auseinandersetzen müssen – sofern das das Thema der Stunde sein soll.

keine besonderen Voraussetzungen

vorbereitete Zettel mit zusammengehörenden Begriffen für jede Gruppe

Durchführung:

- Jeder Schüler erhält einen Zettel, auf dem ein zum Thema der Vorstunde passender Begriff notiert ist.
- Die Schüler bekommen die Information, dass immer vier (oder entsprechend mehr) Schüler zusammengehören und diese daher Begriffe auf ihren Karten haben, die inhaltlich miteinander verknüpft sind.
- Durch gegenseitiges Erfragen und Vergleichen der Begriffe finden sich die Schüler in ihren Gruppen zusammen. Dabei bewegen sie sich frei durch das Klassenzimmer.

Beispiel:

Thema: Weltreligionen

Gruppe „Islam“: Hadsch – Gebetsteppich – Koran – Mohammed

Gruppe „Christentum“: Gebet – Maria – Gotteslob – Auferstehung

Gruppe „Judentum“: Kippa – Davidstern – Sabbat – Menora

Gruppe „Buddhismus“: Mönch – Kharma – Dalai Lama – achtfacher Pfad

Tipp: Man könnte den o.g. Einstieg zum Thema „Weltreligionen“ noch interessanter und anspruchsvoller gestalten, indem man z. B. von jeder der Religionen die Heilige Schrift, den Namen des Religionsgründers, das Gotteshaus etc. nimmt und die Schüler entscheiden lässt, wie sie sich zusammenfinden und warum.

Beispiel:

Gruppe „Heilige Schrift“: Koran – Bibel – Thora – Veden

Gruppe „Religionsgründer“: Mohammed – Jesus – Abraham – Buddha

Gruppe „Gotteshaus“: Moschee – Kirche – Synagoge – Tempel

Weiterer Hinweis:

Dieser Einstieg bietet sich auch zu Beginn einer Themeneinheit an. Die Schüler haben dann das Gefühl, schon Spezialisten zu sein, weil sie ihr Allgemeinwissen und Kombinationsgeschick aktivieren.

keine besonderen Voraussetzungen

Wortkarten mit ausgesuchten Begriffen oder kurzen Aussagen, meditative Musik, Heft / Block und Stift

Durchführung:

- Die Schüler sitzen im Kreis, haben ihr Heft oder ihren Block und einen Stift vor sich, im Hintergrund läuft leise meditative Musik.
- Der Lehrer zeigt die erste der vorbereiteten Wortkarten, auf denen ein Begriff oder eine Aussage steht, der oder die sich auf das Thema der Vorstunde beziehen lassen.
- Die Schüler schreiben ihre Gedanken dazu ins Heft. Sie dürfen dabei nicht sprechen, da eine meditative Stimmung herrschen soll.
- Wenn die Schüler nicht mehr schreiben, wird die nächste Wortkarte gezeigt.
- Danach wird zusammengetragen, was den Schülern bei den einzelnen Impulsen durch den Kopf gegangen ist.

Beispiele:

Thema: Gerechtigkeit / Ungerechtigkeit

Immer ich!

Michael hat schon wieder ein neues Handy.

Das ist so unfair!

Ich wäre zufrieden, wenn …

2.4 Fantasiereise*

keine besonderen Voraussetzungen

Unterlagen, falls kein Teppichboden im Raum; Fantasiereise, meditative Musik, DIN-A3-Papier und Stifte

Durchführung:

- Das Klassenzimmer wird abgedunkelt.
- Die Schüler legen sich auf den Boden. Sie sollten dabei so viel Platz haben, dass keiner seinen Nachbarn berührt.
- Die meditative Musik läuft leise im Hintergrund, der Lehrer beginnt, die Fantasiereise langsam vorzutragen.
- Nach der Fantasiereise werden die Schüler behutsam in die Gegenwart zurückgeholt. Sie sollen zunächst nicht sprechen, sondern ihre Eindrücke oder „Erlebnisse" auf Papier bringen – entweder als Zeichnung (eignet sich gut für jüngere Schüler), Geschichte, Gedicht oder ganz wie sie wollen. Die Regeln müssen den Schülern vorab mitgeteilt werden.
- Abschließend dürfen die Schüler ihre Eindrücke oder „Erlebnisse" vorstellen und im Klassenverband besprechen.

Beispiele:

Diese Methode eignet sich gut für Themen wie Verlust, Glück, Freundschaft, …

Weiterer Hinweis:

Die Fantasiereise muss so gewählt oder geschrieben werden, dass sich die Schüler in die geschilderte Situation hineinversetzen können. Dabei spielen Elemente der Entschleunigung sowie Anregungen, sich Sinneswahrnehmungen vorzustellen, eine wichtige Rolle.

2.5 Perspektivenwechsel

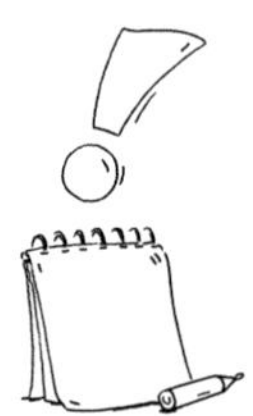

keine besonderen Voraussetzungen

Karten mit vorgegebenen Perspektiven

Durchführung:

- Die Klasse wird in Gruppen eingeteilt.
- Der Lehrer nennt ein Thema.
- Jede Gruppe erhält anschließend eine Karte, auf der vermerkt ist, aus welcher Perspektive sie das genannte Thema betrachten sollen. Sie überlegen sich, welche Aspekte des Themas aus der Sicht der vorgegebenen Perspektive besonders wichtig sind.
- Am Ende inszenieren Vertreter der einzelnen Gruppen ein kurzes Rollenspiel bzw. eine Debatte zum Thema und vertreten die zuvor ausgearbeitete Position.

Beispiele:

Thema: Ein Jugendzentrum soll eröffnet werden.

Gruppen: Hausfrauen, Kinder, Jugendliche, Polizisten, Banker, Nachbarn, ...

oder

Thema: In deiner Nachbarschaft sollen 30 Asylanten untergebracht werden.

Gruppen: Asylanten, Mütter, Jugendliche, Anwohner, Bürgermeister, Stadtrat, Geschäftsleute, ...

keine besonderen Voraussetzungen

vorbereitete Schnipselgeschichten (am besten laminiert)

Durchführung:

- Die Klasse wird in Gruppen eingeteilt.
- Jede Gruppe erhält eine Schnipselgeschichte, d. h. eine Geschichte, die zerschnitten worden ist.
- Die Schüler ordnen die Schnipsel und bringen die Geschichte so in die richtige Reihenfolge.
- Die Schüler lesen ihre Geschichte vor.

Weiterer Hinweis:

Diese Methode eignet sich sowohl für Handlungsgeschichten, z. B. über Diebstahl oder Freundschaft, als auch für Biografien, z. B. über den Namensgeber der Schule oder Persönlichkeiten wie Mutter Teresa.

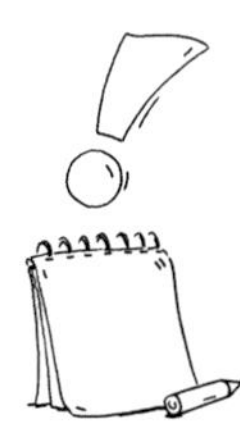

keine besonderen Voraussetzungen

Karten mit Begriffen zu einem Thema

Durchführung:

- Alle Schüler stehen in einem Kreis.
- Jeder Schüler erhält daraufhin vom Lehrer eine Karte mit einem Begriff zum Thema der Vorstunde.
- Die Karten müssen in die richtige Reihenfolge gebracht werden. Die Schüler suchen daher den für sie passenden Platz im Kreis und positionieren sich entsprechend um.
- Meinen die Schüler, die korrekte Anordnung gefunden zu haben, tragen sie der Reihe nach vor, was auf ihren Karten steht und ergänzen, sofern es sich anbietet, z. B. weitere Daten und Informationen rund um ihren Begriff.

Beispiel:

Themen: Daten und Ereignisse aus dem Leben Mohammeds; Vorgehensweise bei der Organspende (Feststellung Hirntod, Aufnahme in die Spenderdatei, Untersuchung, Finden von Gemeinsamkeiten, …)

Weitere Hinweise:

Variante: Die Klasse wird in zwei oder drei Gruppen aufgeteilt, die gegeneinander antreten und versuchen, sich möglichst schnell und fehlerfrei zu ordnen.

Das Spiel eignet sich v. a. für Themen, bei denen die Chronologie eine Rolle spielt.

besonders viel Platz nötig (Klassenzimmer, evtl. Außengelände)

Frage- und Antwortkarten (= Anzahl der Schüler) zum Thema der Vorstunde

Durchführung:

- Die Schüler sind im Klassenzimmer verteilt oder stehen bunt gemischt im Kreis.
- Die Hälfte der Schüler bekommt eine Fragekarte, die andere Hälfte eine Antwortkarte.
- Nach dem Startsignal durch den Lehrer sucht jeder Schüler mit einer Antwort den Schüler mit der dazu passenden Frage.
- Die Paare, die sich gefunden haben, setzen oder stellen sich nebeneinander in den Kreis.
- Ist die Suche abgeschlossen, werden die Paarungen überprüft, indem zunächst die Frage und danach die entsprechende Antwort vorgelesen werden.

Beispiel:

Thema: Olympische Spiele

Antwort	Frage
Griechenland	Wo fanden die ersten Olympischen Spiele statt?
5	Wie viele olympische Ringe gibt es?
4	Wie viele Jahre liegen zwischen Olympischen Spielen?
Zeitraum zwischen Olympischen Spielen	Was ist eine Olympiade?
1924	Seit wann gibt es Olympische Winterspiele?

Weitere Hinweise:

Die Antworten können auch „leichter" formuliert werden, z.B. durch Hinzufügen von „seit" oder weiteren Angaben.

Variante: In unteren Klassen bzw. bei „Neueinsteigern" lässt sich das Spiel auch andersherum spielen: Frage sucht Antwort.

Variante: Damit die Übung nicht chaotisch und laut wird, kann das Sprechen verboten werden. So müssen die Schüler die Texte auf den verschiedenen Karten lesen und erfassen, bis sie ihren Partner finden.

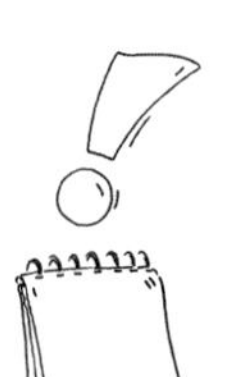

besonders viel Platz nötig (Klassenzimmer, Schulhaus, evtl. Außengelände)

evtl. akustisches Signal (Gong o. Ä.)

Durchführung:

- Die Schüler bilden einen Innen- und einen Außenkreis (stehend oder sitzend).
- Die Anzahl der Schüler im Innen- und im Außenkreis muss gleich sein.
- Die Schüler stehen / sitzen jeweils einem Partner gegenüber.
- Die Schüler des Innenkreises beginnen und fassen für ihr Gegenüber die Inhalte der Vorstunde zusammen.
- Nach 30 bis 60 Sekunden gibt der Lehrer ein Signal. Die Schüler des Außenkreises gehen im Uhrzeigersinn eine Position weiter, sodass neue Paare entstehen.
- Nun sind die Schüler des Außenkreises gefordert, die Inhalte der letzten Stunde zusammenzufassen.
- Dieses Vorgehen kann zwei- bis dreimal wiederholt werden.
- Ziel ist, dass durch die gegenseitigen Zusammenfassungen möglichst alle wichtigen Informationen der Vorstunde nochmals gesammelt und wiederholt werden.

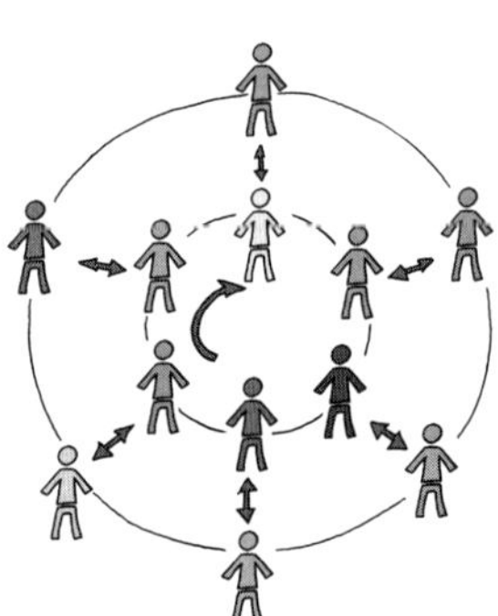

Weitere Hinweise:

Die Schüler, die nicht an der Reihe sind, können dem „Zusammenfassenden" gezielt Fragen stellen, damit sie nicht immer das Gleiche hören und an die Informationen gelangen, die sie noch nicht haben.

Variante: Es können auch zwei Expertenteams (innen und außen) einander gegenüber stehen und so z. B. Rechercheergebnisse zu zwei unterschiedlichen Themenschwerpunkten austauschen. In diesem Fall sollte das Kugellager sitzend durchgeführt werden, damit ggf. leichter mitgeschrieben werden kann.

Beispiel:

Gruppe 1 hatte den Auftrag, Gründe für Schwangerschaftsabbrüche zu recherchieren, Gruppe 2 informierte sich hingegen über die Rechtsprechung zu Schwangerschaftsabbrüchen in Deutschland und angrenzenden Staaten.

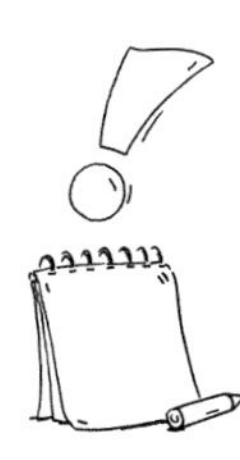

keine besonderen Voraussetzungen

neun Stühle, Fragen (am besten von Schülern als Hausaufgabe vorbereitet)

Durchführung:

- Es werden 3x3 Stühle aufgestellt.
- Die Klasse wird in zwei Gruppen eingeteilt, die gegeneinander spielen.
- Gruppe A stellt Gruppe B eine Frage zur Vorstunde bzw. zum letzten Thema.
- Kann Gruppe B die Frage beantworten, darf sie einen Schüler auf einem der neun Stühle platzieren.
- Dann ist Gruppe B an der Reihe und formuliert eine Frage an Gruppe A usw.
- Kann eine Gruppe auf eine Frage nicht antworten, darf sie auch keinen Schüler platzieren.
- Gewonnen hat die Gruppe, die zuerst drei Schüler in einer Reihe – waagrecht, senkrecht oder diagonal – platzieren konnte.

A	A	B
	B	
B		A

2.11 Der Philosoph*

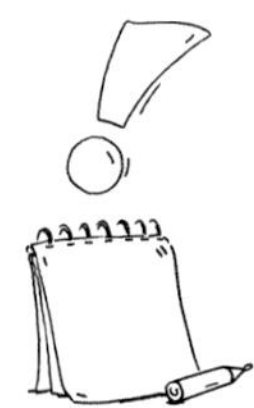

keine besonderen Voraussetzungen

Kiste / Schachtel, Karten mit weisen Sprüchen, Material zum Gestalten (buntes Papier, Stifte)

Durchführung:

- Die Schüler sitzen im Kreis.
- Eine Kiste / Schachtel mit verdeckten Karten, auf denen sich jeweils ein weiser Spruch zum Thema der Vorstunde befindet, wird herumgegeben. Jeder Schüler nimmt sich eine Karte.
- Die Schüler dürfen sich anschließend frei im Raum verteilen und ihre Einfälle und Gedanken zu dem Spruch entweder in einer kurzen Geschichte, einem Bild oder einem Gedicht ausdrücken.
- Nach fünf bis zehn Minuten werden die Ergebnisse zusammengetragen.

Beispiel:

Thema: Freundschaft

- Freunde sind Menschen, mit denen sogar Nichtstun Spaß macht.
- Freundschaft ist wie ein Gummiband, das zwischen zwei Personen gespannt ist. Lässt der eine los, tut es dem anderen weh.
- Die besten Freunde sind nicht die, die du jeden Tag siehst, sondern die, die du in deinem Herzen trägst.
- Falsche Freunde glauben Gerüchte. Echte Freunde glauben an dich.
- Man muss erst die falschen Freunde kennenlernen, um zu wissen, wer die wahren sind.
- Ein Freund ist ein Mensch, der dich mag, obwohl er dich kennt.
- Man hat viele Freunde, wenn man sie zählt, aber nur wenige, wenn man sie braucht.
- Freunde sind die, die immer zu dir halten, auch wenn sie deine Entscheidung nicht verstehen.
- …

Weitere Hinweise:

Im Internet finden sich relativ einfach Sammlungen von Aussprüchen zu sich eignenden Themen.

Variante: Alle Sprüche werden auf einem Blatt abgedruckt und die Schüler wählen selbst einen davon aus, mit dem sie sich weiter beschäftigen wollen.

3.1 Elfchen*

keine besonderen Voraussetzungen

kein Material

Durchführung:

Die Schüler bekommen das Thema der neuen Stunde bzw. Sequenz genannt und sollen in vier bis fünf Minuten ein Elfchen dazu verfassen.

Elfchen sind Gedichte, die aus elf Wörtern bestehen und folgendermaßen aufgebaut sind:

1. Vers: ein Wort (Thema, Idee, Gefühl)
2. Vers: zwei Wörter (passend zum Thema)
3. Vers: drei Wörter (passend zum Thema)
4. Vers: vier Wörter (passend zum Thema)
5. Vers: ein Wort (Schlusswort, Pointe, Gegensatz)

Beispiel:

Thema: Liebe

Liebe
ich spüre
Schmetterlinge im Bauch
Konzentration fällt mir schwer
gefährlich

Weiterer Hinweis:

Die Elfchen können auf einem Wandplakat gesammelt und im Klassenzimmer ausgehängt werden.

3.2 Haiku*

ca. 5 Min. — ab Kl. 5

keine besonderen Voraussetzungen

kein Material

Durchführung:

Die Schüler bekommen das Thema der neuen Stunde bzw. Sequenz genannt und sollen in vier bis fünf Minuten ein Haiku-Gedicht dazu verfassen.

Das japanische Kurzgedicht besteht aus drei Versen mit insgesamt 17 Lauteinheiten bzw. Silben.

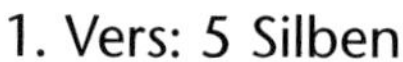

1. Vers: 5 Silben
2. Vers: 7 Silben
3. Vers: 5 Silben

Beispiel:

Thema: Freundschaft

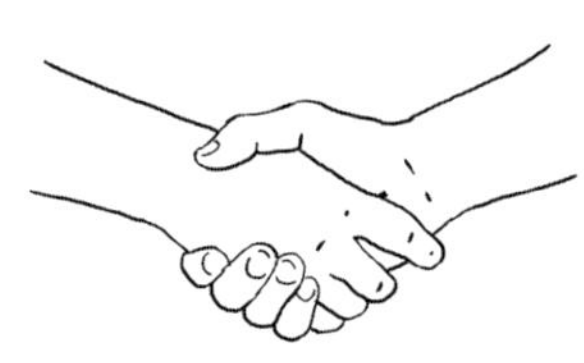

Freundschaft bedeutet
1 2 3 4 5
Einem Freund zu vertrauen,
1 2 3 4 5 6 7
auch wenn's schwierig ist.
1 2 3 4 5

Weiterer Hinweis:

Je nach Klassengröße können alle oder einige Schüler ihr Haiku-Gedicht vorlesen und das, das einem am besten gefallen hat, wird zu dem eigenen mit ins Heft geschrieben.

keine besonderen Voraussetzungen

Tafel

Durchführung:

- Die Klasse wird in zwei Gruppen eingeteilt.
- Der Lehrer schreibt einen Schlüsselbegriff der Stunde / Sequenz in Großbuchstaben waagrecht an die Tafel.
- Abwechselnd ergänzen die Gruppen ein zum Thema passendes Wort, das sich mit dem Ausgangswort kreuzt.
- Gewonnen hat die Gruppe, die mehr Wörter beitragen konnte.

Beispiel:

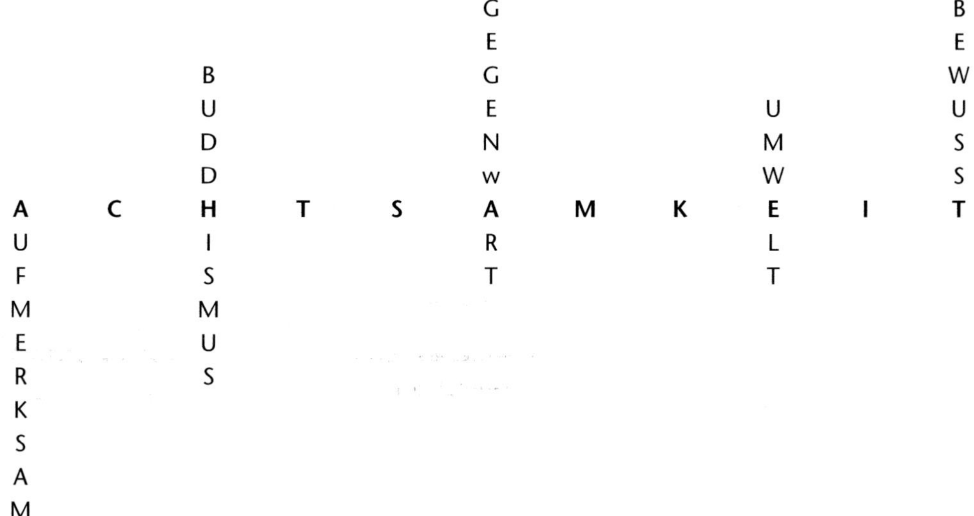

Weitere Hinweise:

Es sollte darauf geachtet werden, dass der Schlüsselbegriff nicht zu kurz gewählt wird. Weniger als acht Buchstaben sollte er nicht haben.

Bei größeren Klassen können mehr als zwei Gruppen gebildet werden. Die Schüler arbeiten dann in den Gruppen ihr eigenes Wortfeld aus, im Anschluss werden die Ergebnisse verglichen.

Variante: Anspruchsvoller wird es, wenn der Lehrer eine gewisse Anzahl an zu ergänzenden Begriffen einfordert.

3.4 Wortwolke

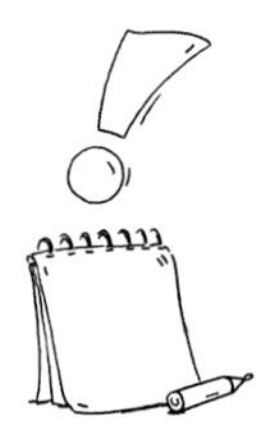

Internetzugang (sofern die Wortwolke nicht bereits zu Hause vorbereitet wurde)

Wortwolke auf Folie oder digital

Durchführung:

- Zur Einführung in ein neues Thema erstellt der Lehrer eine Wortwolke, z. B. mithilfe von www.wortwolken.com. Dazu kopiert er einen beliebigen Text in die Online-Software. Dafür bieten sich insbesondere kurze Lexikontexte oder Biografien an. Die Software generiert daraus eine Wortwolke.
- Der Lehrer präsentiert die Wortwolke und die Schüler sollen aus dieser das neue Thema erschließen.
- Das Prinzip von z. B. www.wortwolken.com ist, dass die Wörter entsprechend ihrer Häufigkeit größer dargestellt werden.

Beispiel:

Thema: Gentechnik

Weiterer Hinweis:

Vor der Erstellung der obigen Wortwolke wurden die Wörter „wurde", „wurden", „Gentechnik" und „gentechnisch" entfernt, da einerseits Wörter, die häufig vorkommen, entsprechend größer dargestellt werden, auch wenn sie unbedeutend sind. Andererseits wurde auf Hauptstichworte verzichtet, um den Schülern die Themasuche nicht unnötig zu erleichtern.

3.5 Wer erkennt's zuerst?

ca. 5 Min. | ab Kl. 5

keine besonderen Voraussetzungen

Projektor oder Dokumentenkamera, zerschnittenes Blatt

Durchführung:

- Der Lehrer legt ein zerschnittenes Blatt auf ein Bild, sodass dieses zunächst komplett verdeckt ist.
- Langsam entfernt der Lehrer ein Papierstück nach dem anderen, sodass das Bild nach und nach zum Vorschein kommt.
- Nach jedem entfernten Papierschnipsel raten die Schüler, was auf dem Bild zu sehen ist.

Beispiele:

Thema: Nächstenliebe → Bild von Mutter Teresa

Thema: Vorbilder → Bild von einem Pop- oder Sportstar

Thema: Gerechtigkeit → Bild von Justitia

Weitere Hinweise:

Variante: Wird diese Methode regelmäßig eingesetzt, kann man einen Wettbewerb daraus machen: Die Klasse wird dazu in zwei oder drei Gruppen eingeteilt. Je nachdem, wie viele Papierstücke es gibt, können die Gruppen in umgekehrter Reihenfolge Punkte sammeln: Ist ein Bild beispielsweise mit acht Teilen abgedeckt, so erhält die Gruppe beim Erraten nach dem ersten entfernten Papierstück acht Punkte, nach dem zweiten sieben usw. Dabei können die Gruppen entweder nacheinander oder gleichzeitig raten – je Runde darf aber nur ein Tipp abgegeben werden.

Tipp: Ein laminiertes Abdeckblatt kann wiederverwendet werden.

keine besonderen Voraussetzungen

Szenario mit Handlungsoptionen auf Folie, Papier oder digital

Durchführung:

- Der Lehrer gibt eine Alltagssituation vor, die z. B. in ein Dilemma führt.
- Verschiedene mögliche Reaktionen werden nacheinander eingeblendet oder aufgedeckt. Dazwischen wird den Schülern jeweils eine kurze Phase der Reflexion gewährt.
- Wenn alle Handlungsoptionen vorgestellt wurden, wählt jeder Schüler die Option aus, die ihm am meisten zusagt.
- Die Schüler äußern reihum, wofür sie sich entschieden haben und begründen ihre Entscheidung.

Beispiel:

Es ist ein heißer Tag und du stehst in einer langen Schlange vor der Eisdiele. Als du dein Eis bezahlst, gibt dir die Verkäuferin in der Eile statt auf 10 € auf 20 € heraus.

Reaktion 1: Oh je, die Arme hat so einen Stress. Ich mache sie auf ihren Fehler aufmerksam und gebe ihr die 10 € zurück.

Reaktion 2: Wenn sie schusselig ist, ist das ihr Problem. Hurra, 10 € mehr und ein dickes Eis.

Reaktion 3: Sie bedient schon den nächsten und hat gar keine Zeit, also stecke ich die 10 € ein, damit sie nicht noch mehr Zeit verliert.

3.7 Was weißt du noch?

keine besonderen Voraussetzungen

Schlagwortsammlung auf Folie oder digital, Möglichkeit zum Abdecken / Ausblenden

Durchführung:

- Der Lehrer präsentiert eine Reihe von Schlagworten zum neuen Unterrichtsthema.
- Die Schüler lesen die Schlagworte. Nach zehn Sekunden beginnt der Lehrer, einen Begriff nach dem anderen abzudecken bzw. auszublenden – solange, bis kein Begriff mehr übrig ist.
- Die Schüler sollen sich dann an möglichst alle vorher gezeigten Schlagworte erinnern und sie auf einem Blatt oder in ihrem Heft aufschreiben. Gleichzeitig überlegen sie, in welchem Zusammenhang die Begriffe miteinander stehen könnten und erraten so das neue Thema.

Beispiel:

Thema: Menschenrechte

Arbeit Glaube Freiheit
Würde Meinung Gleichberechtigung
körperliche Unversehrtheit Eigentum

3.8 Internetrecherche

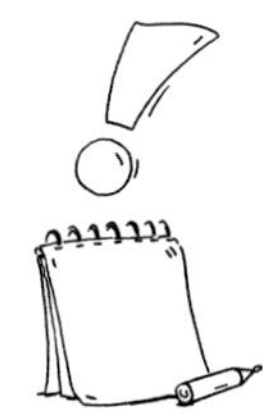

Internetzugang für jede Gruppe, z. B. im Computerraum

kein Material

Durchführung:

- Die Schüler recherchieren in Kleingruppen zu einem bestimmten Thema.
- Die Gruppen erstellen eine kurze Präsentation, z. B. mit PowerPoint, in Form eines Steckbriefes, o. Ä.
- Alle Gruppen präsentieren ihre Ergebnisse.

Beispiel:

Themen: Kinderrechte, Rauchen / Alkohol

In höheren Jahrgangsstufen ist es besser, die Gruppen an Unterthemen arbeiten zu lassen, sodass sich die Ergebnisse sinnvoll ergänzen.

Beispiel:

Thema: Judentum

Unterthemen: Glaube, Familie, Speisen, Feste, Feiertage …

Weiterer Hinweis:

Die Gruppen können alle zum selben Thema recherchieren, was sich vor allem in unteren Jahrgangsstufen anbietet, da sich dann anhand der Präsentationen umfassende und möglichst vollständige Ergebnisse erzielen lassen.

3.9 Was fällt dir dazu ein?*

keine besonderen Voraussetzungen

Gegenstände (Realien oder Fotos)

Durchführung:

- Alle Schüler sitzen / stehen in einem Kreis.
- In der Kreismitte liegen verschiedene Gegenstände, die in Bezug zum Thema der Unterrichtsstunde bzw. Unterrichtssequenz gesetzt werden können.
- Der Lehrer nennt das Thema der Unterrichtsstunde bzw. -sequenz.
- Ein Schüler beginnt, indem er einen der Gegenstände auswählt und erläutert, inwiefern er diesen in Bezug zum genannten Thema setzt.
- Anschließend wählen auch alle anderen Schüler nacheinander einen Gegenstand, bis jeder einen Gedanken geäußert hat bzw. bis alle Gegenstände erklärt wurden.

Beispiel:

Thema: Freundschaft

Gegenstände: Geburtstagskarte, Herzchen, Fotos, Handy, Zettel mit dem Satzbeginn „Ich schätze an dir, …", usw.

Weiterer Hinweis:

Je nach Thema bietet sich auch die pantomimische Darstellung der Gegenstände an.

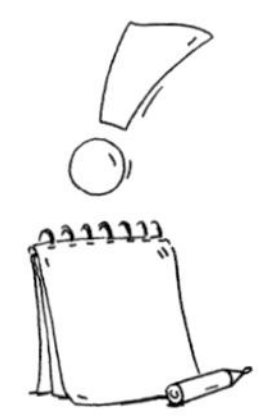

keine besonderen Voraussetzungen

Informationsmaterial zu bestimmten Themen

Durchführung:

- Die Klasse teilt sich in Journalisten und Experten auf.
- Während die Journalisten mögliche Fragen ausarbeiten, informieren sich die Experten anhand der bereitgestellten Informationsmaterialien über den Sachverhalt.
- Das eigentliche Experteninterview findet erst zu Beginn der darauffolgenden Unterrichtsstunde statt.
- Jedem Journalisten wird dann ein Experte zugeteilt, der interviewt wird.
- Freiwillige dürfen ihr Interview vor der ganzen Klasse wiederholen.

Beispiele:

Themen: Atomkraft, Gentechnik

Weitere Hinweise:

Da die Journalisten ihre Fragen zumeist schneller ausgearbeitet haben als die Experten den Sachverhalt erschlossen haben, ist es sinnvoll, für die Journalisten verkürzte Informationsmaterialien bereitzulegen. So können sie sich zumindest grob in den Sachverhalt hineinfinden, was womöglich die eine oder andere weitere Interviewfrage aufwirft.

Alternativ könnte eine Sammlung von Impulsen erstellt werden, die die Journalisten auf bestimmte Teilaspekte des Themas aufmerksam machen, die sonst vielleicht vergessen würden.

Anstelle eines Interviews zwischen Journalist und Experte kann auch eine Talkshow mit einem Moderator und mehreren Experten inszeniert werden. Eine Pressekonferenz mit mehreren Experten und Journalisten bietet sich ebenfalls an.

3.11 Wie geht's weiter?

keine besonderen Voraussetzungen

vorbereitete Satzanfänge an der Tafel, auf Folie, Papier oder digital

Durchführung:

- Den Schülern werden verschiedene Satzanfänge präsentiert.
- Abhängig von der gewählten Präsentationsform wird nun der Reihe nach ein Satz nach dem anderen durch die Schüler vervollständigt.
- Da es verschiedene Lösungsmöglichkeiten gibt, kann entweder direkt nach jedem Satz, oder wenn alle Satzanfänge fortgeführt wurden, darüber diskutiert werden.

Beispiel:

Thema: Vernunft

Vernunft ist …

Vernünftig sein …

Unvernünftig …

Wenn ich …

Man muss …

3.12 Wer hat recht?

ca. 5 Min. | ab Kl. 5

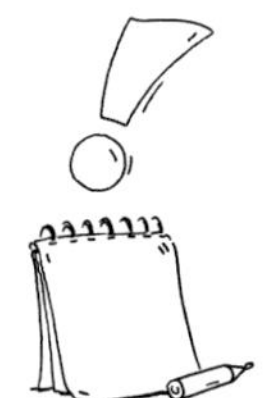

keine besonderen Voraussetzungen

Informationen bzw. Hinweise auf Karteikarten

Durchführung:

- Es werden drei oder vier Experten ausgewählt, die einen Informationszettel bzw. Notizen mit einzelnen Aussagen erhalten.
- Die ausgewählten Schüler machen sich vor dem Klassenzimmer mit dem Inhalt vertraut und sprechen sich kurz ab, wie sie das „Expertenwissen" der Klasse präsentieren wollen.
- Wenn die Experten wieder zur Klasse stoßen, tragen sie ihr „Expertenwissen" vor. Entscheidend dabei ist, dass nur einer der Experten tatsächlich korrekte Informationen wiedergibt.
- Die Klasse muss herausfinden, wer der wirkliche Experte ist.

Beispiel:

Thema: Hinduismus

Experte 1: Der Hinduismus ist die älteste Religion der Welt. *(falsch: Der Hinduismus ist die älteste <u>Welt</u>religion.)*

Experte 2: Der Hinduismus ist aus einer im Industal siedelnden Zivilisation entstanden, die einen Schöpfergott anbetete. *(falsch: Sie beteten eine <u>Muttergöttin</u> an.)*

Experte 3: Der Polytheismus der Arier aus dem Kaukasusgebiet zählt auch zu den Religionsformen, aus denen sich der Hinduismus entwickelt hat. *(richtig)*

3.13 Hör gut zu!

keine besonderen Voraussetzungen

Karten mit Fragen

Durchführung:

- Jeder Schüler bekommt eine Karte, auf deren Rückseite eine Frage steht.
- Die Schüler dürfen ihren Mitschülern ihre Frage nicht verraten.
- Sämtliche Fragen, die an die Schüler verteilt wurden, werden im Laufe der Unterrichtsstunde beantwortet. Jeder Schüler muss eigenständig die Antwort auf seine Frage finden und am besten kurz notieren.
- Am Schluss der Stunde stellen alle Schüler ihre Fragen und die dazugehörigen Antworten vor.
- Falls eine Antwort fehlt, dürfen die Mitschüler weiterhelfen.
- Die Fragen können zu Beginn der Folgestunde noch einmal zur Wiederholung eingesetzt werden.

Weitere Hinweise:

Diese Methode führt letztlich zu einer Stundenzusammenfassung und weckt gleich zu Beginn die Aufmerksamkeit der Schüler. Denn, damit sie am Ende ihre Frage beantworten können, müssen sie dem Unterricht aufmerksam folgen.

Die Schüler werden außerdem dafür sensibilisiert, offene Fragen auszuhalten und die passende Antwort herauszufiltern.

Diese Methode eignet sich besonders in der Unterstufe, um die Schüler an das Filtern von Informationen heranzuführen. In höheren Klassen hilft diese Methode, komplexe Themen oder auch die Inhalte eines längeren Filmes leichter zu erfassen, weil sich die Schüler während der Stunde nur auf einen Teilaspekt konzentrieren müssen und am Schluss trotzdem die Zusammenfassung des Ganzen erhalten.

3.14 Kreuzworträtsel*

keine besonderen Voraussetzungen

Kreuzworträtsel

Durchführung:

- Die Schüler erhalten ein Kreuzworträtsel und lösen dieses zusammen mit einem Partner.
- Das Team, das zuerst die korrekten Ergänzungen herausgefunden hat, darf das Rätsel auflösen. Im Sinne eines gelungenen Einstiegs, sollte ein Schlüsselbegriff des Stundenthemas das Lösungswort darstellen.
- Je nach Lösungswort schließt sich eine Diskussion oder die Präsentation des Stundenthemas an.

Beispiel:

	[1]K	R	A	N	K					
[2]M	E	D	I	K	A	M	E	N	T	
[3]K	O	N	D	O	M					
	[4]A	N	S	T	E	C	K	U	N	G

[1] Gegenteil von gesund

[2] Arzneimittel

[3] Verhütungsmittel

[4] Übertragung von Krankheitserregern

Weiterer Hinweis:

Variante: Das Kreuzworträtsel wird via Folie, Beamer oder Dokumentenkamera der ganzen Klasse präsentiert. Die Lösung wird dann gemeinsam gesucht.

keine besonderen Voraussetzungen

Abspielgerät und Song

Durchführung:

- Die Schüler hören einen Song oder einen Ausschnitt daraus, z. B. den Refrain.
- Sie sollen sich zum Inhalt äußern, das Thema der Stunde bzw. der neuen Unterrichtssequenz erraten und zu einem spontanen Meinungsaustausch angeregt werden.

Beispiele:

Thema: Behinderung → Herbert Grönemeyer: „Musik nur, wenn sie laut ist"
Themen: Gewalt und Toleranz → Die Ärzte: „Schrei nach Liebe"
Thema: Rollenverständnis → Herbert Grönemeyer: „Männer", Die Ärzte: „Männer sind Schweine" oder Lucilectric: „Weil ich ein Mädchen bin"

Weitere Hinweise:

Bei vielen Liedern, wie Grönemeyers „Musik nur, wenn sie laut ist" oder „Schrei nach Liebe" von den Ärzten, bietet es sich an, den Schülern einzelne Strophen zum Nachlesen zur Verfügung zu stellen.

Bei o. g. Songtexten kann man relativ sicher sein, dass sie die Schüler nicht (mehr) kennen, weshalb sie sich gut eignen, um die Themen erraten zu lassen.

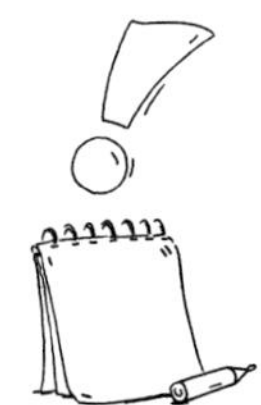

keine besonderen Voraussetzungen

Abspielgerät und Radiowerbung

Durchführung:

- Den Schülern wird eine Radiowerbung präsentiert.
- Je nach Werbespot und Absicht können sich die Schüler dazu äußern oder erhalten Fragen, die sie beantworten müssen.

Weitere Hinweise:

Am besten eignen sich lokale Werbespots, die hinsichtlich ihrer Absicht oder ihrer Darstellung analysiert werden können.

Viele Spots bieten sich auch an, um auf die bewusste Irreführung des Hörers einzugehen.

Dieser Stundeneinstieg kommt bei den Schülern immer gut an, erfordert aber vom Lehrer etwas technisches Geschick bei der Aufnahme.
Wer aktuell keine passende Werbung findet, kann auch im Netz suchen, z. B. unter http://www.agentur-radiowerbung.de/beispiele.html oder www.radio.de

keine besonderen Voraussetzungen

Abspielgerät und Videoclip

Durchführung:

- Den Schülern wird ein Videoclip präsentiert.
- Je nach Clip sollen die Schüler das Thema erschließen und zu einem ersten spontanen Meinungsaustausch angeregt werden.

Beispiele:

Das Internet, insbesondere YouTube, ist eine fast unendliche Fundgrube. Zum Thema „Umweltschutz, Umgang mit der Natur etc." eignen sich z. B. Werbevideos von Greenpeace.

Auch zu Themen wie „Fairplay", „Rassismus", „Hilfsorganisationen", „Klonen" und „Tierschutz" finden sich kurze Filmchen, die ideal für den Stundeneinstieg sind.

Weitere Hinweise:

Der Videoclip kann während der Präsentation auch immer wieder gestoppt und in Teilen analysiert werden.

Variante: Die Schüler bekommen einen Auftrag, worauf sie besonders achten sollen.

4.1 Fühl mal!

ca. 10 Min. | ab Kl. 5

keine besonderen Voraussetzungen

vorbereitete Schachteln oder undurchsichtige Tüten, gefüllt mit unterschiedlichen Materialien; Tücher zum Abdecken

Durchführung:

- Die Schachteln / Tüten sind nummeriert und werden auf verschiedenen Tischen oder in unterschiedlichen Ecken des Klassenzimmers bereitgelegt.
- Die Schüler halten an ihren Plätzen ihr Heft sowie Schreibsachen bereit.
- Auf ein Signal des Lehrers hin dürfen sie selbstständig auf Entdeckungsreise gehen und in die Schachteln / Tüten fühlen.
- Nach jedem Fühlen gehen die Schüler an ihren Platz und notieren die Nummer der Probe sowie das, was sie wahrgenommen haben. Dazu halten sie drei bis fünf passende Adjektive fest und mutmaßen, welchen Gegenstand sie betastet haben.
- Die Schüler dürfen während der Durchführung nicht miteinander sprechen.

Beispiele:

Federn, Kronkorken, Steine, Kastanienschalen ...

Weiterer Hinweis:

Diese Methode eignet sich vor allem als Einstieg in den Themenbereich „Sinne und Wahrnehmung".

viel Platz (entweder leerer Raum oder Tische und Stühle zur Seite geschoben); Unterlagen, falls kein Teppichboden im Raum

Abspielgerät und meditative Musik

Durchführung:

- Die Schüler legen sich mit dem Rücken auf den Boden und bilden einen Kreis.
- Sie reichen sich die Hände und schließen die Augen.
- Während der nächsten Minuten sollen sich die Schüler ganz still verhalten und nicht sprechen.
- Es wird ca. drei bis vier Minuten lang meditative Musik eingespielt, die Schüler sollen sich dabei entspannen.
- Anschließend herrscht eine Minute lang absolute Stille.
- Die Schüler halten sich noch immer bei den Händen und berichten, wie es ihnen geht, was sie die vergangenen fünf Minuten empfunden haben usw.
- Falls das Gespräch noch nicht zum gewünschten Thema, z. B. „Berührungen" führt, wird das Unterrichtsgespräch vom Lehrer bewusst in die gewünschte Richtung gelenkt.

Beispiele:

Dieser Stundeneinstieg eignet sich gut für die Themen „Vertrauen", „Freundschaft", aber auch „Wahrnehmung" und „Selbstwahrnehmung".

Weiterer Hinweis:

Variante: Den Schülern wird zu Beginn gesagt, worauf sie sich konzentrieren sollen.

keine besonderen Voraussetzungen

kein Material

Durchführung:

- Der Lehrer gibt eine Situation mit zwei möglichen Reaktionen vor.
- Die Schüler müssen sich für eine der beiden Optionen entscheiden.
- Das Ergebnis der Abstimmung wird an der Tafel festgehalten und dient als Ausgangspunkt für die sich anschließende Diskussion.

Beispiel:

Du siehst in der Pause, dass ein Mitschüler sein angebissenes Brötchen in den Abfall wirft.

Option 1: Du sprichst ihn an und fragst, warum er das gemacht hat.

Option 2: Du drehst dich um und denkst dir, dass dich das nichts angeht.

oder

Du bist mit Aische befreundet und weißt, dass sie strenge Eltern hat. Eines Tages beobachtest du, dass sich Aische mit Ralf trifft und ihn küsst.

Option 1: Du warnst Aische, damit sie sich besser versteckt, schließlich dürfen ihre Eltern davon auf keinen Fall erfahren.

Option 2: Du gehst zu Ralf und forderst ihn auf, Aische nicht mehr zu treffen, damit sie keinen Ärger mit ihren Eltern bekommt.

Weitere Hinweise:

Die Ausgangssituationen lassen sich bis hin zu Dilemmageschichten steigern.

Dieser Einstieg eignet sich hervorragend für anschließende Diskussionen, weil man von jedem Schüler eine Begründung für seine Entscheidung verlangen kann.

Variante: Die Schüler stellen sich nach links oder rechts zur gewählten Antwort. Das Ergebnis wird somit sofort sichtbar. Allerdings werden dann manche Schüler nicht wirklich selber entscheiden, sondern danach, wofür sich die anderen entscheiden.

keine besonderen Voraussetzungen

alte Schwimmbrillen, bei denen die Gläser mit Lack überzogen wurden, damit man nichts mehr sieht; Geldstücke und Geldscheine (am besten von den Schülern selbst, so geht nichts verloren)

Durchführung:

- Jeder Schüler sucht sich einen Partner.
- Die Hälfte der Schüler, je einer eines Paares, setzt die Brillen auf und ist fortan „blind".
- Der Blinde bekommt einen Geldbetrag – verschiedene Münzen (mit Scheinen wird es erheblich schwieriger) in die Hand.
- Die Partner simulieren ein kleines Einkaufsgespräch, der Blinde soll einen gewissen Betrag bezahlen.

Beispiel:

Weitere Hinweise:

Obwohl in unserem Alltag vieles, insbesondere Geld, speziell die Bedürfnisse von Sehbehinderten bzw. Blinden berücksichtigt, können wir als Sehende nicht zwangsläufig damit umgehen. Die Schüler sollen u. a. lernen, wie fein der Tastsinn ausgeprägt sein muss, damit man z. B. Geld fühlen kann.

Als Steigerung könnten noch Braille-Texte oder Wörter betastet werden. Diese finden sich z. B. in Drogeriemärkten, um Produkte in ähnlichen Verpackungen (Haarshampoo, Duschgel, …) unterscheiden zu können.

Variante: Die Blinden haben nicht zu wenig bezahlt, sondern bekommen Rückgeld und müssen nun prüfen, ob der andere ehrlich war.

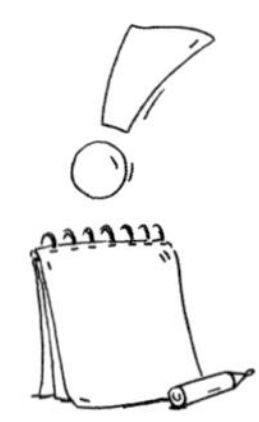

keine besonderen Voraussetzungen

verschiedene Schlagzeilen aus der Zeitung, Zettel, kleines Körbchen

Durchführung:

- Die Überschriften werden gut lesbar in einem Kreis am Boden oder auf einem Tisch ausgelegt.
- Die Schüler umkreisen die Zeitungstitel und lesen sie durch.
- Jeder schreibt anschließend seine Emotionen, die die Schlagzeilen hervorrufen, auf einen Zettel (Freude, Furcht, ...).
- Diese Zettel werden gefaltet und in das Körbchen gelegt.
- Der Lehrer nimmt das Körbchen an sich, zieht den einen oder anderen Zettel und liest vor, welche Emotionen darauf notiert sind.
- Eine Diskussion oder Besprechung schließt sich an.

Weitere Hinweise:

Je nachdem, ob man über gewisse Gefühle oder ein bestimmtes Ereignis / Thema sprechen möchte, sucht man Überschriften, die die gleichen / ähnlichen Emotionen auslösen oder die unterschiedliche Aspekte beleuchten.

Beispiele:

Themen: Gewalt, Terror und Unterdrückung

oder aktuelle Ereignisse, z. B. Absturz eines Passagierflugzeugs, Berichte über den Schulabschluss usw.

keine besonderen Voraussetzungen

Plakate, akustisches Signal (Gong o. Ä.)

Durchführung:

- Im Klassenzimmer liegen auf dem Boden oder auf Tischen verteilt Plakate.
- Auf jedem Plakat steht ein angefangener Satz oder eine Frage zum aktuellen Thema.
- Die Klasse wird in Kleingruppen, die der Anzahl der Plakate entspricht, eingeteilt.
- An jedem Plakat steht eine Gruppe und bearbeitet es.
- Nach einer Minute ertönt ein Signal und die Gruppen ziehen im Uhrzeigersinn zum nächsten Plakat.
- Die Gruppen bearbeiten das nächste Plakat und gehen entweder auf die Überschrift ein oder auf die Kommentare der Vorgruppen oder auf beides.
- Wurden alle Stationen durchlaufen, werden die Plakate an die Tafel gehängt, in der Klasse besprochen und ausgewertet.

Beispiel:

Thema: Familie

Plakat 1: Meine Eltern sind verheiratet.

Plakat 2: Ich habe einen Bruder, zwei Schwestern und zwei Stiefbrüder.

Plakat 3: Meine Mama heißt Lisa Lautermeier und mein Papa Frank Klein.

Das finde ich ...

Plakat 4: Später möchte ich Kinder, weil ...

Plakat 5: Eltern haben's schwer.

4.7 Ohne geht's nicht*

ca. 10 Min. | ab Kl. 5

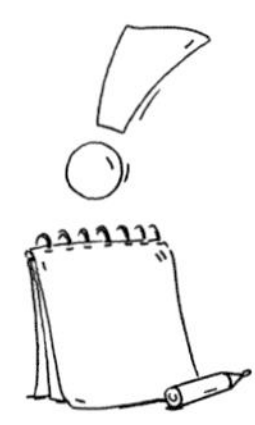

keine besonderen Voraussetzungen

Fotos / Bilder und jeweils drei Zettel pro Gruppe, die von 1 bis 3 nummeriert sind

Durchführung:

- Die Schüler werden zunächst in Kleingruppen eingeteilt.
- Jede Gruppe bekommt drei Zettel, die von 1 bis 3 nummeriert sind. Entweder hat jede Gruppe eine eigene Farbe oder schreibt ihren Namen auf die Rückseite der Zettel.
- Es liegen Fotos / Bilder zu einem Thema in der Kreismitte oder an einem bestimmten Platz, z. B. in der ersten Sitzreihe.
- Alle Schüler versammeln sich darum.
- Nachdem das Thema bekanntgegeben wurde, müssen die Schüler entscheiden, welches der dargestellten Motive zwingend zum Thema gehört.
- Die Schüler bestimmen in der Gruppe eine Rangfolge mit drei bis einem Punkt und legen ihren entsprechenden Zettel zum Bild, allerdings so, dass die anderen die Punktevergabe nicht sehen können.
- Die Zettel werden danach aufgedeckt und die vergebenen Punkte zusammengezählt. So lässt sich herausfinden, was für die Klasse zu einem bestimmten Thema unbedingt dazugehört.
- Die Schüler begründen ihre Wahl.

Beispiele:

Thema: Verkehrsregeln
Bilder von verschiedenen Verkehrszeichen
Frage: Auf welches Verkehrszeichen kann man nicht verzichten?

oder

Thema: Familie
Bilder von Vater, Mutter, Großeltern, Geschwistern, Wohnung, Freizeitpark, gemeinsames Essen …
Frage: Was ist das Wichtigste in einer Familie?

Weiterer Hinweis:

In höheren Klassen können natürlich komplexere Themen wie Gentechnik, Tierversuche etc. gestellt werden. Die Schüler können anschließend recherchieren und Kurzreferate zu dem von ihnen als wichtigsten Punkt ausgewählten Thema vorbereiten.

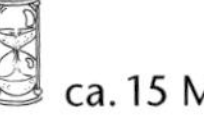

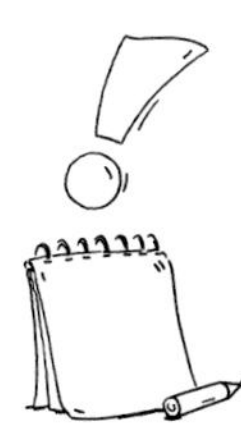

keine besonderen Voraussetzungen

Plakat(e), Farb- oder Filzstifte

Durchführung:

- Die Schüler bilden Gruppen und suchen sich Platz, um gemeinsam und gleichzeitig an einem Plakat zu arbeiten (auf dem Boden oder durch Zusammenstellen mehrerer Tische).
- Die Schüler sollen nach Bekanntgabe des Themas gemeinsam ein Plakat gestalten, wobei sie weder sprechen sollen, noch jeder für sich auf das Plakat malt.
- Die Plakate werden im Anschluss an diese Erarbeitungsphase in der Klasse besprochen und für die Weiterarbeit in den nächsten Stunden im Klassenzimmer aufgehängt.

Beispiele:

Themen Liebe, Gerechtigkeit, Rollenbild Mann / Frau, …

Weitere Hinweise:

Bei dem Bild soll es sich um ein gemeinsames Werk handeln, zu dem jeder seinen Beitrag leistet / leisten muss; es soll aber kein Nebeneinander verschiedener Beiträge werden, sondern ein gemeinsames Motiv.

Die Schüler können im Vorfeld ihre Strategie festlegen, z. B. dass einer anfängt und reihum weitergemalt wird.

Die Schüler finden durch diese Methode einen kreativ-assoziativen Zugang zum Thema. Durch die Visualisierung des Themas werden die Fantasie angeregt und die Teamfähigkeit gefördert.

4.9 Einmal ziehen*

ca. 15 Min. | ab Kl. 5

keine besonderen Voraussetzungen

Schachtel, Gegenstände

Durchführung:

- Die Schüler sitzen im Kreis.
- Eine mit einem Tuch zugedeckte Schachtel, die mit verschiedenen Gegenständen / Fotos bestückt ist, wird herumgereicht.
- Jeder Schüler nimmt einen Gegenstand / ein Foto heraus – ohne lange zu tasten oder zu suchen.
- Jeder Schüler erzählt ganz spontan 30 Sekunden lang etwas zu seinem Gegenstand bzw. zu dem, was auf seinem Foto zu sehen ist.
- Die Kiste wird solange herumgereicht, bis alle an der Reihe waren.

Beispiel:

Thema: Spiele

Inhalt der Schachtel:

- Würfel
- Foto von olympischen Ringen
- Spielfigur
- Videospiel
- Puppe
- kleines Kuscheltier
- Kartenspiel
- …

4.10 Wem gehört der geheimnisvolle Koffer?*

keine besonderen Voraussetzungen

Koffer mit verschiedenen Gegenständen

Durchführung:

- Die Schüler sitzen im Kreis. In der Mitte liegt ein geschlossener Koffer oder eine Reisetasche.
- Die Schüler äußern erste Vermutungen, wem der Koffer wohl gehören könnte oder was er beinhalten könnte.
- Der Koffer wird für zehn Sekunden geöffnet und dann wieder verschlossen.
- Die Schüler tragen zusammen, was sie gesehen haben, was sie irritiert hat, was ihnen aufgefallen ist.
- Der Koffer wird ein zweites Mal für zehn Sekunden geöffnet.
- Die Schüler vervollständigen ihre Beobachtungen und versuchen anhand der Indizien herauszufinden, welcher Person dieser Koffer gehören könnte.

Beispiele:

Thema: Jesus Christus

Kofferinhalt: Handtuch, Kreuz, Palmzweig, Wasser, Umhang / Toga, …

oder

Thema: Mahatma Ghandi

Kofferinhalt: Salz, Union Jack, Hinweis auf Indien, Umhang, Nickelbrille …

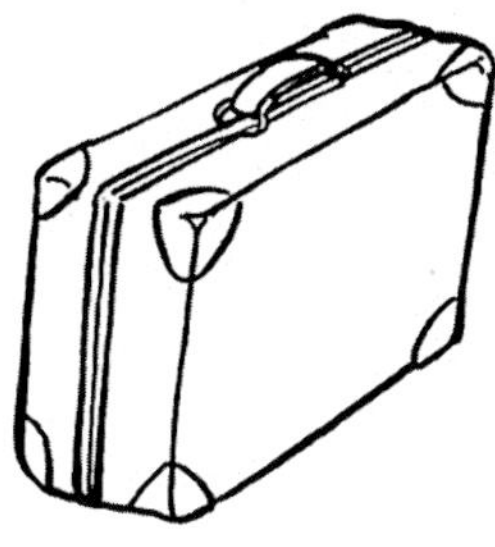

4.11 Sag du auch was dazu!*

keine besonderen Voraussetzungen

kleiner (Jonglier-)Ball oder Softball

Durchführung:

- Die Schüler stehen in einem Kreis.
- Derjenige, der den Ball hat, äußert sich zum Thema mit einem Schlagwort oder kurzem Satz.
- Der Ball wird zum nächsten Schüler geworfen, der sich daraufhin ebenfalls äußert.
- Der Ball kreist entweder solange bis alle an der Reihe waren oder solange noch gute Ideen geäußert werden.

Beispiele:

Thema: Konflikte

„Streit" – „gemein" – „ungerecht" – „fies" – „immer sind die Jungs Schuld" – …

Thema: Familie

„Großvater" – „Stiefschwester" – „Einzelkind" – „Geborgenheit" – „Mutter" – …

Weiterer Hinweis:

Variante: Statt eines Balles kann auch ein Wollknäuel geworfen werden, so entsteht ein Beziehungsgeflecht. Außerdem sieht man besser, wer schon an der Reihe war, weil er den Faden bereits in der Hand hält.

keine besonderen Voraussetzungen

Plakate, Stifte

Durchführung:

- Die Klasse wird aufgeteilt in eine Pro- und eine Contragruppe. Jede Gruppe erhält ein Plakat.
- Die Schüler werden mittels Projektor, Beamer oder an der Tafel mit einer (provokativen) Aussage konfrontiert.
- Sie bekommen zwei Minuten Zeit, um möglichst viele Argumente für bzw. dagegen zu finden und notieren diese auf dem Plakat.
- Nach Ablauf der Zeit kommt ein Vertreter der Gruppe vor die Klasse und stellt die gefundenen Argumente vor.
- Erst wenn alle Argumente vorgestellt wurden, beginnen die Schüler eine Diskussion, an der alle teilnehmen können, da sie ja jeweils „Experten" dafür oder dagegen sind.

Beispiele:

„Journalisten dürfen alles sagen."

„Jeder Mensch hat ein Recht zu erfahren, wie er gezeugt wurde."

„Lügen macht auch Spaß."

4.13 Gemeinsamer Nenner

keine besonderen Voraussetzungen

vorbereitete Karten

Durchführung:

- Die Schüler sitzen im Kreis.
- In der Mitte liegen verschiedene Karten, auf denen Aussagen oder Schlagzeilen aus Zeitungen oder Nachrichtenportalen stehen.
- Die Schüler lesen alle Karten in Ruhe durch und versuchen, den gemeinsamen Nenner zu finden. Dabei überlegen sie, was die Aussagen verbindet bzw. welches Thema sich hinter den Aussagen verbirgt.

Beispiel:

Thema: Angst

„Neue Flüchtlingswelle im Landkreis angekommen"

„Die Zahl der Arbeitslosen steigt weiter"

„Kriminalität nimmt zu"

„Die nächste Grippewelle droht"

„14 Menschen bei Attentat getötet"

„Ich fürchte mich vor ..."